p

une pomme

b

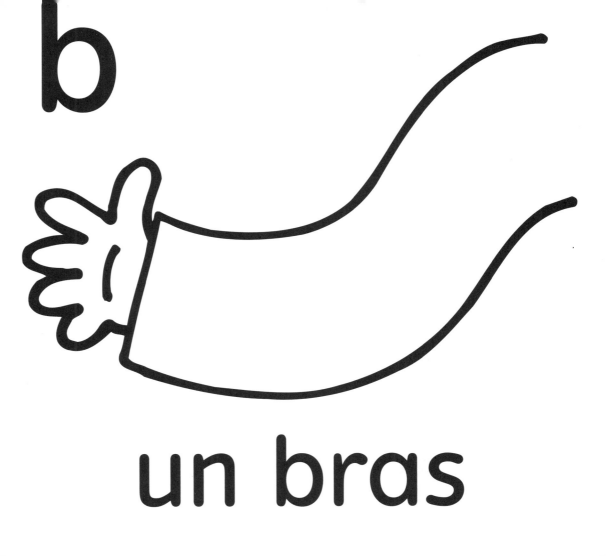

un bras

g

un gland

g

un garçon

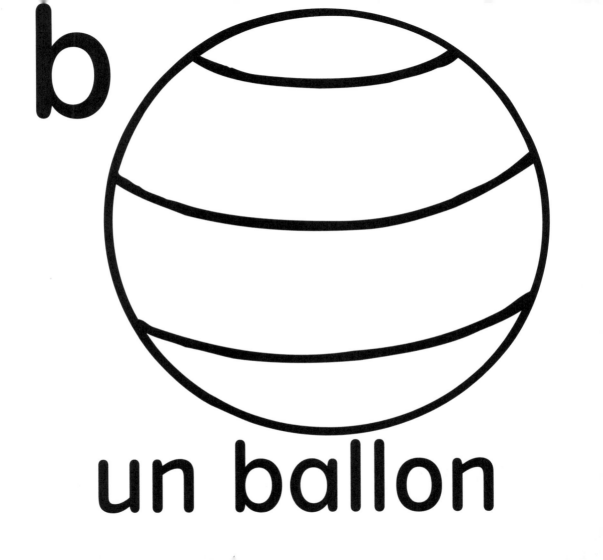

b

un ballon

un lit

a

une abeille

b

un balai

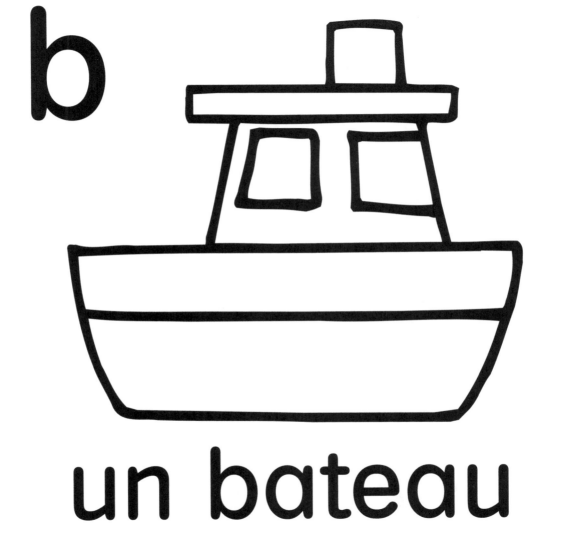

b

un bateau

a

une auto

C

un chat

p

un peigne

t

une tasse

n

un nuage

C

un chien

p

une poupée

t

un tambour

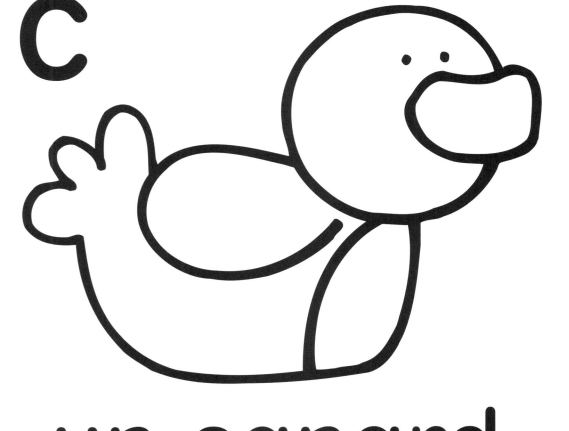

un canard

un œuf

O

une oreille

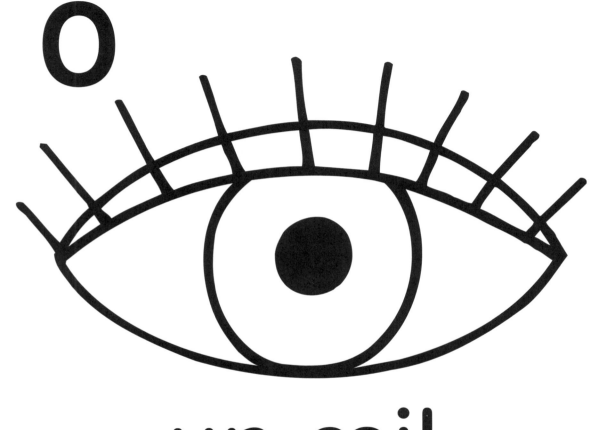

un œil

d

un drapeau

p

un poisson

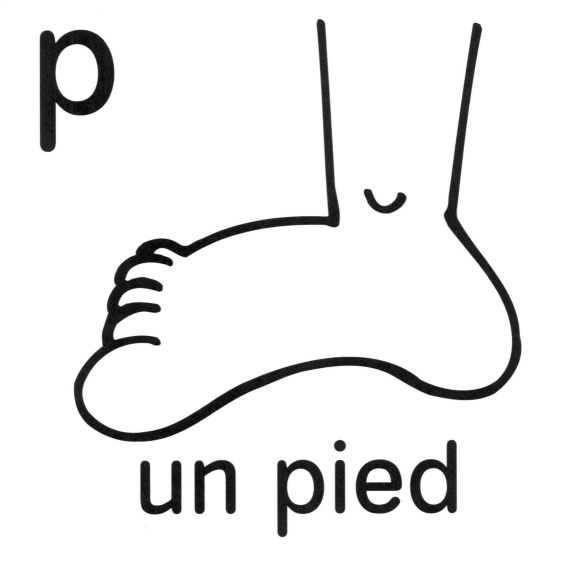

p

un pied

g

une grenouille

b

une barrière

f

une fille

g

un gant

m

une main

une maison

p

une poule

i

un iglou

e

de l'encre

g

de la gelée

C

de la confiture

p

un pichet

C

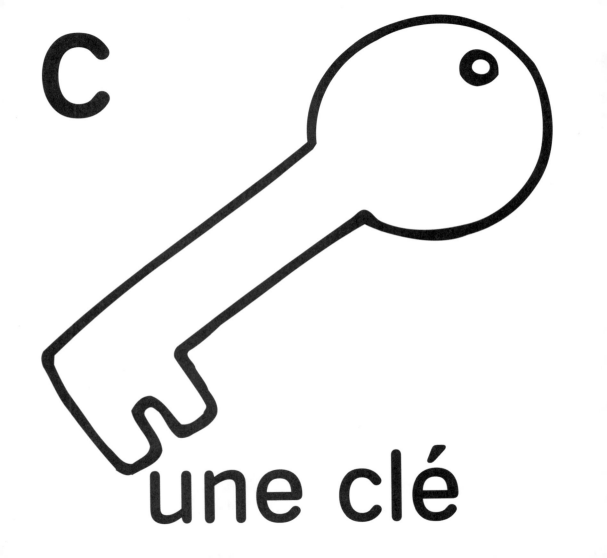

une clé

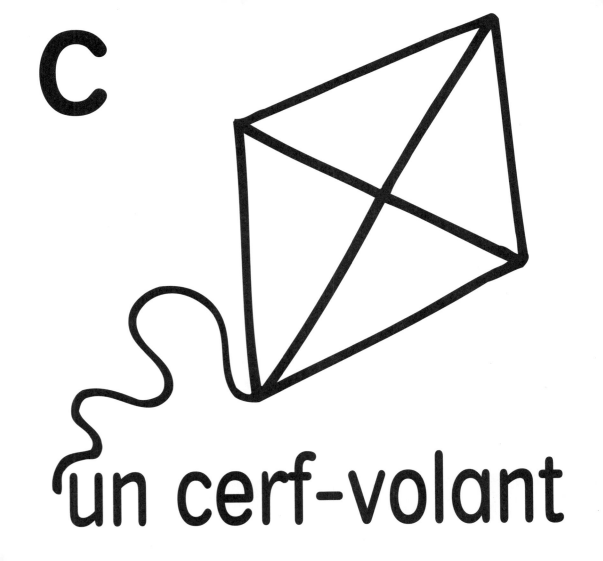

C

un cerf-volant

r

un roi

f

une feuille

un lion

s

une sucette

la lune

h

un homme

la bouche

un nid

f

un filet

n

le nez

h

un hibou

p

un panda

p

une poire

C

un cochon

r

une reine

d

une douillette

une queue

p

de la pluie

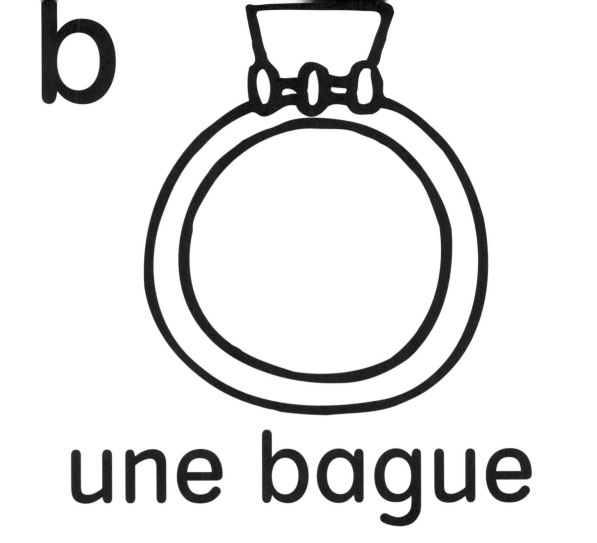

b

une bague

r

un robot

s

le soleil

C

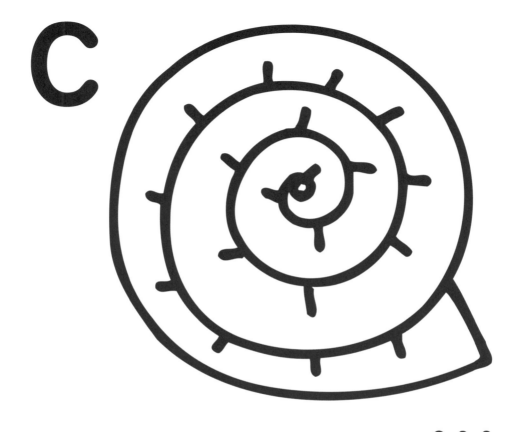

une coquille

f

un foulard

e

un escargot

é

une étoile

o

un ourson

C

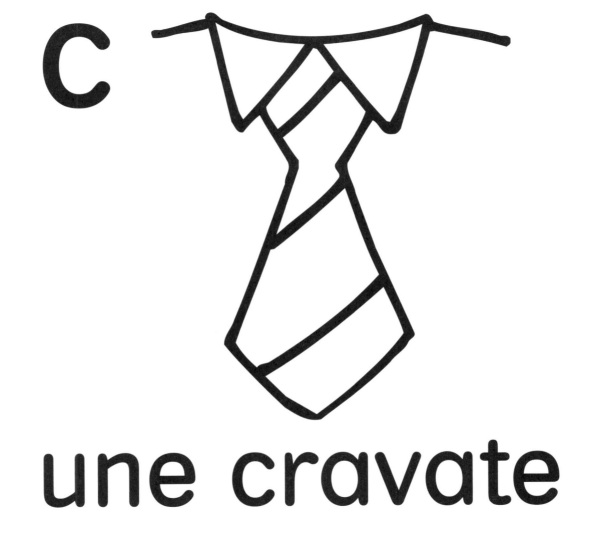

une cravate

J

un jouet

a

un arbre

p

un parapluie

d

un débardeur

v

un vase

f

une fourgonnette

m

une montre

V

du vent

r

une roue

une baleine

r

une radiographie

un yacht

y

un yoyo

z

un zèbre

f

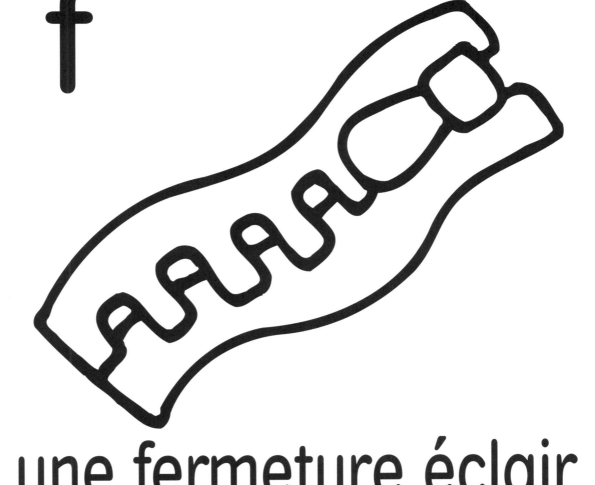

une fermeture éclair